W9-CGM-891

ESTEGOSAURIO

por Janet Riehecky
ilustraciones de Diana Magnuson

MANKATO, MN

Con el más sincero agradecimiento a Bret S. Beall, Coordinador de los Servicios de Conservación para el Departamento de Geología, Museo de Historia Natural, Chicago, Illinois, quien revisó este libro para garantizar su exactitud.

Library of Congress Cataloging-In-Publication Data
Riehecky, Janet, 1953-
[Stegosaurus. Spanish]
Estegosaurio / por Janet Riehecky; ilustraciones de Diana Magnuson.
p. cm.
ISBN 1-56766-124-6
1. Stegosaurus--Juvenile literature.
[1. Stegosaurus. 2. Dinosaurs. 3. Spanish language materials.]
I. Magnuson, Diana, ill. II. Title.
QE862.O65R5418 1994
567.9'7-dc20 93-42606

ESTEGOSAURIO

Muchos seres extraños han habitado la tierra. Entre los más extraños de todos están los dinosaurios.

Estos reptiles reinaron sobre la tierra durante millones de años, mucho antes de que viviera la gente en la tierra.

Estos seres insólitos tenían muchas características extrañas. Algunos tenían garras muy largas…

y otros tenían unos dientes enormes.

Un dinosaurio tenía una cresta de hueso enorme, con púas.

Otros tenían dedos palmeados, una cresta en la cabeza y la boca como el pico de los patos.

Uno de los dinosaurios más extraños era el estegosaurio. Su nombre significa “lagarto techado” o “lagarto cubierto”. Se le llamaba así porque tenía filas de placas triangulares en el cuello, lomo y cola. Tenía dieciocho o veinte placas colocadas en dos filas.

Pero estas placas no eran la única característica extraña del estegosaurio.

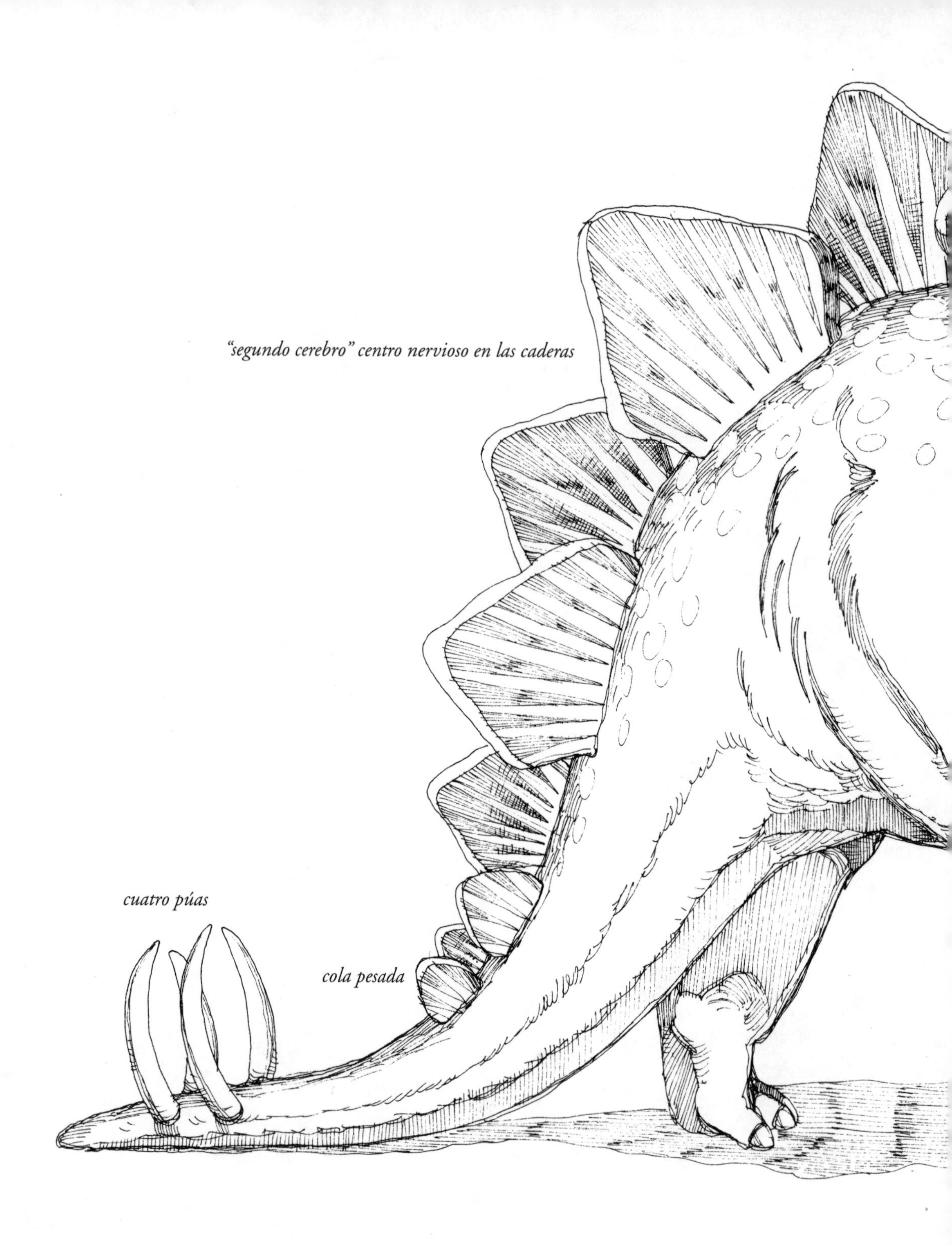

Imagínate que aspecto tendrías tú si tuvieras que caminar apoyándote sobre los pies y los codos. Bueno, pues ese era el aspecto que tenía el estegosaurio.

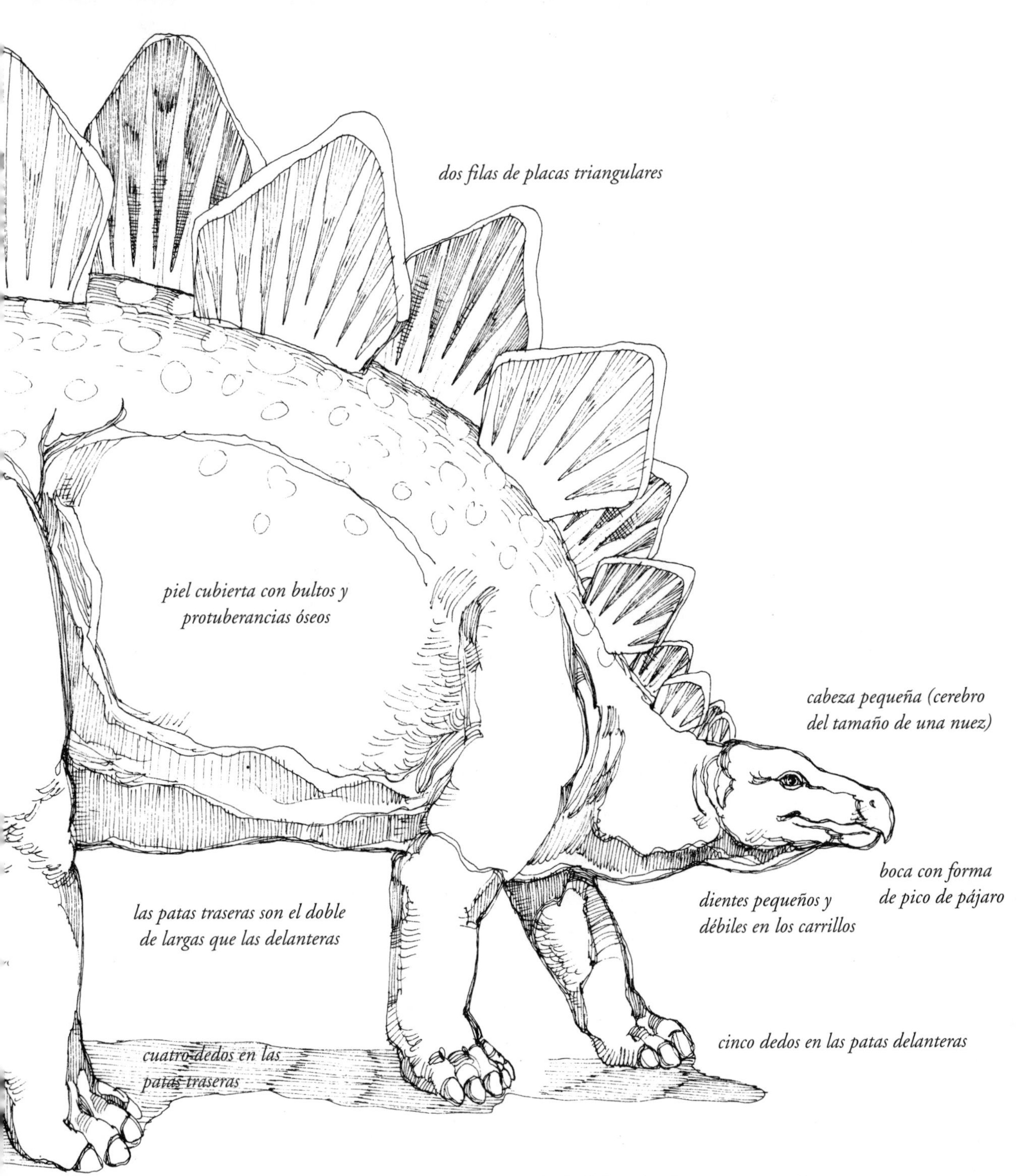

Las patas traseras eran el doble de largas que las delanteras. Eso quiere decir que las caderas se alzaban en el aire (¡33 metros!), la cabeza y los hombros quedaban cerca del suelo y el lomo lo tenía curvado como un tobogán.

Esa era una forma realmente extraña, pero el estegosaurio tenía una boca todavía más rara, mitad de pájaro y mitad de reptil.

El frente de la boca era un pico, como el de los loros o las tortugas. En la parte posterior de la boca, sin embargo, tenía filas de dientes pequeños y débiles.

Como te puedes imaginar, al estegosaurio le costaba mucho trabajo comer. Podía desgarrar un bocado de plantas, pero en realidad no podía masticarlas por completo antes de tragárselas. Las plantas se quedaban varios días en el estómago del estegosaurio antes de ser digeridas.

Este ser extraño no sólo tenía problemas para comer, sino que también tenía problemas para pensar.

El estegosaurio probablemente tenía el cerebro más pequeño de todos los dinosaurios, era solamente del tamaño de una pelota de golf. Eso implicaba que el estegosaurio era muy lento para pensar. Y significaba que el estegosaurio necesitaba la ayuda de un "segundo cerebro" únicamente para mover su cuerpo enorme. ¡El "segundo cerebro" se encontraba en las caderas!

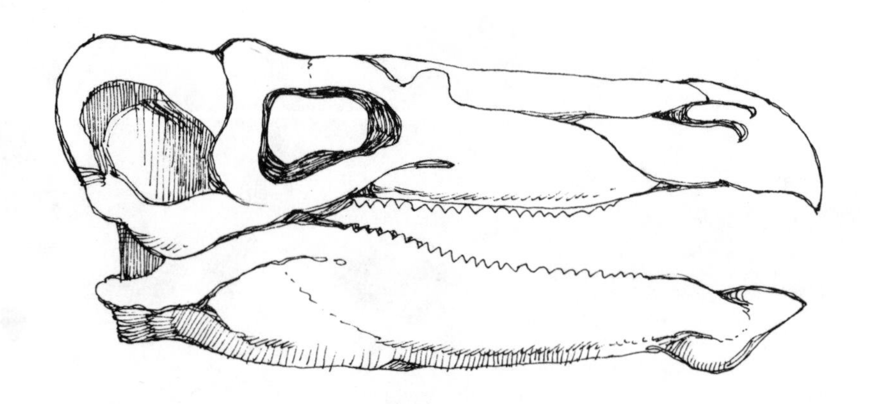

Éste en realidad no era un cerebro. Era un "centro nervioso" que le ayudaba al estegosaurio a controlar el movimiento de sus patas y su cola. Sin este centro nervioso el estegosaurio quizás no habría sido capaz de moverse si alguien hubiera tratado de morderle las patas traseras. Y había un montón de seres a su alrededor a los que les hubiera gustado darle un buen bocado al estegosaurio.

El estegosaurio vivió durante la misma época que el fiero alosaurio y muchos otros carnívoros. No podía correr velozmente ni pensar con rapidez. Necesitaba tener alguna manera de protegerse, así es que le salieron unas armas muy extrañas.

La mayoría de los dinosaurios que necesitaban defenderse tenían garras afiladas en los pies o cuernos en la cabeza. Pero el estegosaurio hacía las cosas al revés. Tenía cuatro púas de 30 centímetros de largo en la cola.

Estas púas eran unas armas buenas y le ayudaban al estegosaurio, pero no eran bastante buenas como para rechazar un ataque determinado. Por eso, para aumentar sus probabilidades de supervivencia el estegosaurio debía esconderse de los carnívoros o vivir con una manada de estegosaurios.

Al igual que cualquier simple peleón, un alosaurio prefería atacar a un estegosaurio solitario, que a uno con muchos amigos a su alrededor.

Se han expuesto muchos razonamientos sobre el estegosaurio, especialmente sobre las placas del lomo. Los científicos se han preguntado si tenían una o dos filas de placas, si las placas se mantenían erguidas y derechas o estaban tumbadas, y si estaban colocadas en pares o de forma alterna. También se han preguntado para qué servían esas placas.

No eran platos para comer, pero quizás evitaban que el estegosaurio fuera la comida de algún otro animal.

O quizás le sirvieran al estegosaurio para no tener mucho calor. Por la colocación y la forma, las placas parecían estar diseñadas para hacer salir el calor del cuerpo del estegosaurio para que el viento se lo llevara.

O es posible que las placas le sirvieran de adorno, para ayudar al estegosaurio a llamar la atención de una pareja.

Los científicos han considerado todas estas ideas pero no han sido capaces de ponerse de acuerdo. Continúan estudiando las placas, pero quizás nunca sepan con seguridad por qué las tenía el estegosaurio.

Los científicos tampoco saben mucho sobre el tipo de vida que llevaba el estegosaurio. Piensan que el estegosaurio viajaba en manadas, que vivía cerca de pantanos y ríos y que comía plantas que crecían a ras de suelo.

Los científicos piensan que el estegosaurio ponía huevos y que probablemente abandonaba a sus crías después de nacer para que se cuidaran por sí mismas. Pero no saben esto con seguridad.

Siempre habrá cosas que no sepamos sobre los estegosaurios.

Pero eso es parte de la fascinación de este ser extraño.

¡A divertirse con los dinosaurios!

Hay varios museos en los Estados Unidos que tienen en exposición esqueletos, moldes o fósiles de estegosaurios. Si tú vives cerca de uno de estos museos, o si vas a viajar cerca de uno de ellos, quizás quieras ir y saludar a un estegosaurio. Todos estos museos también tienen otros tipos de dinosaurios en exposición:

American Museum of Natural History
Central Park West/79th St.
New York, New York 10024

Denver Museum of Natural History
City Park
Denver, Colorado 80205

University of Michigan Exhibit
Alexander G. Ruthven Museum
1109 Geddes Avenue
Ann Arbor, Michigan 48109

National Museum of Natural History
Smithsonian Institution
Washington, D.C. 20560

Carnegie Museum of Natural History
4400 Forbes Avenue
Pittsburg, Pennsylvania 15213

Dinosaur Valley
Museum of Western Colorado
4th and Main
Grand Junction, Colorado 81501